Sandra und Sabine Arriens

Window-Color
Elfenzauber

ENGLISCH
VERLAG

Die Deutsche Bibliothek – CIP-Einheitsaufnahme
Window-Color – Elfenzauber / Sandra und Sabine Arriens. – Wiesbaden: Englisch, 2002
ISBN 3-8241-1062-8

© by Englisch Verlag GmbH, Wiesbaden 2002
ISBN 3-8241-1062-8
Alle Rechte vorbehalten. Nachdruck, auch auszugsweise, verboten.
Fotos: Frank Schuppelius
Herstellung: Michael Feuerer
Printed in Spain

Inhaltsverzeichnis

Vorwort

Tauchen Sie ein in die Welt der Phantasie und des Zaubers. Lassen Sie sich in den Zauberwald entführen. Lernen Sie wundersame Gestalten kennen, schauen Sie Sternenkindern beim Spielen zu, bewundern Sie den großen Zauberer oder fliegen Sie mit den Elfen durch die Lüfte. Die Motive aus dem Zauberwald regen zum Träumen an.

Mit der wieder abziehbaren Fenstermalfarbe Window-Color und der genauen Grundanleitung sind sie spielend nachzuarbeiten. Die fertigen Motive verzaubern Ihre Fensterscheiben, Spiegel, Kacheln oder andere Gegenstände mit glatter Oberfläche.
Viel Spaß beim Gestalten und gutes Gelingen wünschen

Sandra und Sabine Arriens

5

Material und Werkzeug

Zum Malen mit Window-Color benötigen Sie folgendes Material und Werkzeug:

- Window-Color-Farben
- Window-Color-Konturenfarben
- Malspitze zum Aufschrauben auf die Flaschen, 0,7 mm Ø
- Schaschlikspieße
- Wattestäbchen
- Klarsichtfolien DIN A4 (Prospekthüllen aus PE oder PP)
- Folie, 25 x 35 cm, vom Hersteller für Window-Color-Farben
- Transparentpapier
- weißes Schreibmaschinenpapier
- Bleistift HB, Radiergummi und Spitzer
- Klebestreifen
- wasserfester schwarzer Filzstift (Fineliner)
- Pinsel, ca. Stärke 4
- Glimmerpulver
- Stecknadel
- Haushaltspapier (Küchenkrepp)
- eventuell leere Plastikflaschen zum Anmischen der Farben

Grundanleitung

Legen Sie das Transparentpapier auf den Vorlagebogen, und zeichnen Sie das gewünschte Motiv mit einem Bleistift ab. Legen Sie anschließend das Transparentpapier auf ein Blatt weißes Papier, und schieben Sie beides in eine Klarsichthülle. Das weiße Papier bewirkt, dass das Motiv auf dem Transparentpapier deutlicher zu sehen ist. Wenn keine Hüllen verwendet werden, sollten Sie die Vorlage unter der zu bemalenden Folie mit Klebestreifen befestigen. Setzen Sie die Malspitze auf die Konturenmittelflasche, und ziehen Sie mit dem Konturenmittel alle Linien der Vorlage nach. Dabei sollten Sie den Handrücken zum leichteren Arbeiten auflegen. Halten Sie die Konturenmittelflasche beim Malen senkrecht, und führen Sie sie entlang der Linie entweder direkt auf der Folie oder in einem Abstand von 1 cm von der Folie (vgl. hierzu die jeweiligen Herstellerangaben). Unter leichtem Druck fließt das Konturenmittel wie ein flüssiger Faden heraus. Wenn Sie die Konturen gemalt haben, lassen Sie diese ungefähr 2 Stunden trocknen. Beachten Sie hierzu ebenfalls die jeweiligen Herstellerangaben. Nachdem das Konturenmittel getrocknet ist, kann mit dem Ausmalen der Flächen begonnen werden. Die Farbflaschen dürfen vor Gebrauch nicht geschüttelt werden, da sonst Luftbläschen entstehen können. Die flüssige Farbe wird direkt mit der Spitze der Flasche deckend auf die Folie gemalt. Farbe und Kontur gehen dabei eine Verbindung ein, wobei der Farbauftrag möglichst den

Konturen angepasst werden sollte, sodass das Bild beim späteren Abnehmen nicht reißen kann. Bei dünnen Konturen sollten Sie den Farbauftrag möglichst so gestalten, dass die Farbe nicht über die Konturenlinie in das nächste Feld läuft. Eine große Hilfe sind hierbei Schaschlikspieße, mit denen man die Farbe vorsichtig bis an die Konturenlinien heranziehen kann. Zudem genügt schon ein kleiner Tropfen Farbe an der Spitze des Schaschlikspießes, um winzige Flächen zu füllen. Ist das Bild fertig, müssen Sie es, je nach Hersteller, ungefähr 24 Stunden trocknen lassen. Beachten Sie bitte immer die Herstellerangaben, sonst kann das Bild beim Abnehmen von der Folie reißen.

Wenn das Bild trocken ist, können Sie es von der Folie nehmen und ans Fenster drücken, das Window-Color-Bild haftet dort ohne zusätzliche Klebstoffe.

Tipps zum Malen mit Window-Color

✦ Wenn Sie sich vermalt haben, kann das Konturenmittel entweder sofort im feuchten Zustand mit einem Wattestäbchen von der Folie entfernt oder nach dem Trocknen von der Folie abgezogen werden. Verschmierte Stellen lassen sich einfach wegrubbeln.

✦ Farbflaschen sollten vor dem Malen niemals geschüttelt werden, da sich sonst Luftblasen bilden können. Bewahren Sie Ihre Farbflaschen möglichst auf dem Kopf stehend auf.

✦ Luftbläschen in der feuchten Farbe können sofort mit einer Stecknadel aufgestochen werden. Die Farben trocknen, je nach Raumtemperatur, oberflächlich sehr schnell. Hat sich einmal eine Haut gebildet, lassen sich die Bläschen nicht mehr entfernen.

✦ Ist der Farbauftrag über die Konturenlinie getreten, kann die Linie, nachdem die Farbe getrocknet ist, mit einem schwarzen, wasserfesten Filzstift nachgemalt werden.

✦ Zum Malen mit Window-Color sind nicht alle Folien geeignet. Entweder Sie verwenden die vom Hersteller angebotenen Folien oder Sie malen auf Polyethylen- (PE), Polypropylen- (PP) und Geschenktransparentfolie. Folien aus PVC sind ungeeignet, da sich das gemalte Bild nur schwer ablösen lässt.

✦ Sollte die Raumtemperatur zu hoch sein, vor allem im Sommer, hat man Schwierigkeiten, das fertige Bild von der Folie abzulösen. Legen Sie einfach das Bild mit der Folie etwa 1 Minute, maximal 2 Minuten in den Kühlschrank. Anschließend löst es sich ganz leicht von der Folie.

✦ Am Fenster haftende Bilder müssen zum Putzen der Scheiben nicht entfernt werden, man kann einfach darüber wischen.

✦ Fertige Bilder sollten Sie immer zwischen zwei Folien oder in einer Klarsichtfolie aufbewahren; an Papier kann das Bild festkleben und lässt sich dann nicht mehr ablösen.

✦ Zum Malen können Sie Farben verschiedener Hersteller verwenden, jedoch sollten Sie die Farbe Kristallklar innerhalb eines Bildes immer nur von einem Hersteller verwenden.

Motive aus dem Zauberwald

1. Im Zauberwald

Herzlich willkommen im Zauberwald, dem Reich der Magier, Feen und Elfen!

Material
- ✦ Konturenfarbe in Schwarz
- ✦ Window-Color in Hellbraun, Dunkelbraun, 3 Blautönen, Gelb, Lila, Violett, Elfenbein, Rot, Pink, Weiß, Perlmutt, Dunkelgrau, 3 Grüntönen und Kristallklar
- ✦ Glimmerpulver Gold und Irisierend

Anleitung

Arbeiten Sie die Konturen der zauberhaften Wesen zunächst mit Konturenfarbe. Anschließend beginnen Sie mit dem Ausmalen. Nehmen Sie die Abbildung als Hilfe. Bei den schattierten Feldern verziehen Sie die Farben mit dem Schaschlikspieß im feuchten Zustand ineinander. In die feuchte Farbe der Elfenflügel streuen Sie Glimmerpulver Irisierend. Für den goldenen Schweif des Zauberstabs tragen Sie nachträglich mit einem Pinsel der Stärke 4 ein Gemisch aus Kristallklar und Glimmerpulver Gold auf das fertig gemalte Bild auf. Die Lücken im unteren Teil des Motivs füllen Sie mit Kristallklar aus.

2. Blumen-Elf

Der Blumen-Elf ist ein duftiges kleines Wesen, das von Blüte zu Blüte schwebt.

Material
- ✦ Konturenfarbe
  in Schwarz
- ✦ Window-Color
  in Elfenbein,
  2 Grüntönen,
  Orangerot,
  Gelb, Weiß
  und Kristallklar
- ✦ Glimmerpulver
  Irisierend

Anleitung
Arbeiten Sie die Konturen mit Konturenfarbe. Lassen Sie diese gut trocknen, bevor
Sie mit dem Ausmalen beginnen. Orientieren Sie sich dabei an der Abbildung. Die
Flügel werden zunächst mit Kristallklar gemalt, dann wird in die feuchte Farbe Glimmerpulver hineingestreut.

3. Blaues Elfenfräulein

Das Elfenfräulein ist eine bezaubernde Schönheit in Blau.

Material
- ✦ Konturenfarbe in Schwarz
- ✦ Window-Color in 2 Blautönen, Dunkelgrün, Elfenbein, Gelb, Weiß und Kristallklar
- ✦ Glimmerpulver Irisierend

Anleitung
Nach dem Auftragen der Konturenfarbe beginnen Sie mit dem Ausmalen gemäß der Abbildung. Die Flügel der Elfe füllen Sie mit Kristallklar aus, anschließend streuen Sie in die noch feuchte Farbe Glimmerpulver hinein. Das Kleid malen Sie in den verschiedenen Blautönen, die Sie mit dem Schaschlikspieß in feuchtem Zustand ineinander verziehen. Nach dem Trocknen kann die Elfe von der Malfolie abgenommen werden.

4. Elfenballett

Zur Freude der übrigen Bewohner des Zauberwaldes zeigen die Elfen in ihren bunten Kleidchen ihre Ballettkünste.

Material
- ✦ Konturenfarbe in Schwarz
- ✦ Window-Color in Elfenbein, Gelb, Rosé, Blau, Weiß, Perlmutt und Kristallklar
- ✦ Glimmerpulver Gold und Irisierend

Anleitung
Ziehen Sie die Konturen der anmutigen Wesen mit Konturenfarbe auf der Folie nach. Ist die Farbe getrocknet, füllen Sie die Innenflächen farbig aus. In die feuchte Farbe der Flügel streuen Sie Glimmerpulver Irisierend. Mischen Sie Glimmerpulver Gold und Kristallklar miteinander, und malen Sie damit die Kragen und die Flugspur der kleinen Tänzer. Nach dem Trocknen der Motive schließen Sie die Lücken zwischen den Elfen und ihrer Flugspur mit Kristallklar. So kann beim Abnehmen der Motive von der Malfolie nichts auseinander reißen.

5. Apfelblüten-Elfe

Zwischen duftigen Apfelblüten kann man – wenn man genau hinschaut – die Apfelblüten-Elfe erblicken.

Material
- ✦ Window-Color in Haut, Weiß, Feuerrot, Hellbraun, Dunkelbraun, Gold, Elfenbein, Dunkelgrün, Gelb und Kristallklar
- ✦ Konturenfarbe in Schwarz
- ✦ Glimmerpulver irisierend

Anleitung
Zeichnen Sie die Linien des Motivs mit der Konturenfarbe auf die Malfolie. Nach der eingehaltenen Trockenzeit beginnen Sie mit dem Ausmalen. Mischen Sie in einer Plastikleerflasche Feuerrot, Hellbraun und Weiß zu einem Roséton. Beginnen Sie beim Mischen mit Weiß. Feuerrot und Hellbraun sollten sehr sparsam verwendet werden. Zum Malen verwenden Sie den Schaschlikspieß. In die feuchte weiße Farbe des Kleides wird etwas Rosé gezogen. Die feuchte grüne Farbe von Kragen und Schuhen wird mit Gelb schattiert. Tragen Sie das Glimmerpulver erst auf, wenn die Flügel fertig gemalt und trocken sind. Mischen Sie neben dem Motiv auf der Malfolie Kristallklar und Glimmerpulver und tragen die Mischung gemäß der Abbildung auf die Flügel auf. Stellen Sie dann das Motiv fertig. Die Zwischenräume werden mit Kristallklar ausgefüllt.

6. Blaubeer-Elf

Der kleine Blaubeer-Elf würde am liebsten den ganzen Tag lang in Blaubeeren schwelgen.

Material
✦ Window-Color in Haut, Feuerrot, Schwarz, Weiß, Elfenbein, Hellbraun, Gelb, Dunkelbraun, Anthrazit, Olivgrün, Grau, Stahlblau, Jeansblau, Königsblau und Kristallklar
✦ Konturenfarbe in Schwarz

Anleitung

Zeichnen Sie alle Linien des Motivs mit der Konturenfarbe auf die Malfolie. Nach der eingehaltenen Trockenzeit beginnen Sie mit dem Schaschlikspieß mit dem Ausmalen. Verziehen Sie die feuchten Farben der Flügel mit Weiß. In die feuchte stahlblaue Farbe des Kragens und der Manschette wird ebenfalls etwas Weiß gezogen. Die Farbe des Hemdes mischen Sie in einer Plastikleerflasche aus Jeansblau und ein wenig Grau. Beim Malen des Hemdes nehmen Sie zusätzlich etwas Anthrazit in die Falten dazu. Die Hemdfarbe können Sie auch für die Manschette der Hose und Falten verwenden. Ziehen Sie nun in die feuchte Hautfarbe des Gesichts sehr wenig Rot für das Bäckchen hinein. Dann malen Sie das Motiv gemäß der Abbildung fertig und füllen die Zwischenräume mit Kristallklar aus.

7. Flieder-Elfe

Zart und anmutig wie die duftenden Fliederblüten ist diese bezaubernde Elfe.

Material
- Window-Color in Haut, Violett, Weiß, Elfenbein, Haut, Dunkelgrün, Gelb, Hellbraun, Dunkelbraun und Kristallklar
- Konturenfarbe in Schwarz

Anleitung

Zeichnen Sie alle Linien des Motivs mit der Konturenfarbe auf die Malfolie. Nachdem alles gut getrocknet ist, können Sie mit dem Ausmalen der Flächen beginnen. Mischen Sie in einer Plastikleerflasche Violett und Weiß für das Kleid. Beim Malen des Rockes ziehen Sie in die feuchte Farbe mit dem Schaschlikspieß etwas Weiß als Schattierung. Malen Sie dann das Motiv gemäß der Abbildung fertig und füllen die Zwischenräume mit Kristallklar aus.

8. Rosen-Elfe

Zwischen prächtigen Rosenblüten ist diese anmutige Elfe zuhause.

Material
* ✦ Window-Color in Rosé, Rot, Feuerrot, Gelb, Dunkelgrün, Weiß, Haut, Hellbraun, Elfenbein und Kristallklar
* ✦ Konturenfarbe in Schwarz
* ✦ Glimmerpulver irisierend

Anleitung
Zeichnen Sie alle Linien des Motivs mit der Konturenfarbe auf die Malfolie. Halten Sie die Trockenzeit ein, bevor Sie mit dem Ausmalen beginnen. Alle Farbschattierungen müssen immer mit dem Schaschlikspieß vorgenommen werden, solange die Farben noch feucht sind. Mischen Sie in einer Plastikleerflasche Weiß mit Grün für die Flügel. Ziehen Sie beim Malen zusätzlich Rosé mit hinein. In die feuchte Hautfarbe des Gesichts malen Sie etwas Rot für das Bäckchen. Verwenden Sie das Glimmerpulver erst, wenn die Flügel fertig gemalt und trocken sind. Mischen Sie neben dem Motiv auf der Malfolie das Pulver mit Kristallklar und tragen es auf die Flügel auf. Stellen Sie nun das Motiv gemäß der Abbildung fertig und malen in die Zwischenräume Kristallklar.

9. Silbernes Einhorn

Nur selten zeigt sich das Silberne Einhorn den Waldbewohnern. Es gilt als ausgesprochen scheu.

Material
✦ Konturenfarbe in Schwarz
✦ Window-Color in Perlmutt, Weiß, Dunkelgrau, Hellbraun, Dunkelbraun, 3 Grüntönen und Kristallklar

Anleitung
Zeichnen Sie zunächst die Konturen. Nach dem Einhalten der Trockenzeit können Sie mit dem Ausmalen beginnen. Für Horn, Schweif und Mähne des Einhorns verwenden Sie Perlmutt. Damit das Horn beim Abnehmen von der Folie nicht einreißt, tragen Sie ringsum etwas Kristallklar auf. Ebenso geben Sie zwischen die Lücken am Schweif Kristallklar.

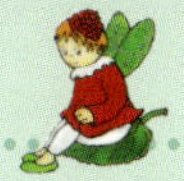

10. Waldkobold

Blaubeeren liebt der immer hungrige Wald-
kobold über alles.

Anleitung
Zeichnen Sie die Konturen
mit dem schwarzen Kon-
turenmittel nach, wobei
Sie die Punkte vom Pilz
aussparen. Nach der Tro-
ckenzeit beginnen Sie
mit dem Malen. Für das
Blattwerk verziehen Sie
mit dem Schaschlikspieß
alle Grüntöne in feuch-
tem Zustand ineinander.
Orientieren Sie sich da-
bei an der Abbildung.
Beim Pilz malen Sie zu-
nächst die Punkte ohne
Konturenmittel weiß.
Lassen Sie die Punkte gut
trocknen, bevor Sie mit
der roten Farbe arbeiten.
Die Zwischenräume füllen
Sie mit Kristallklar aus.

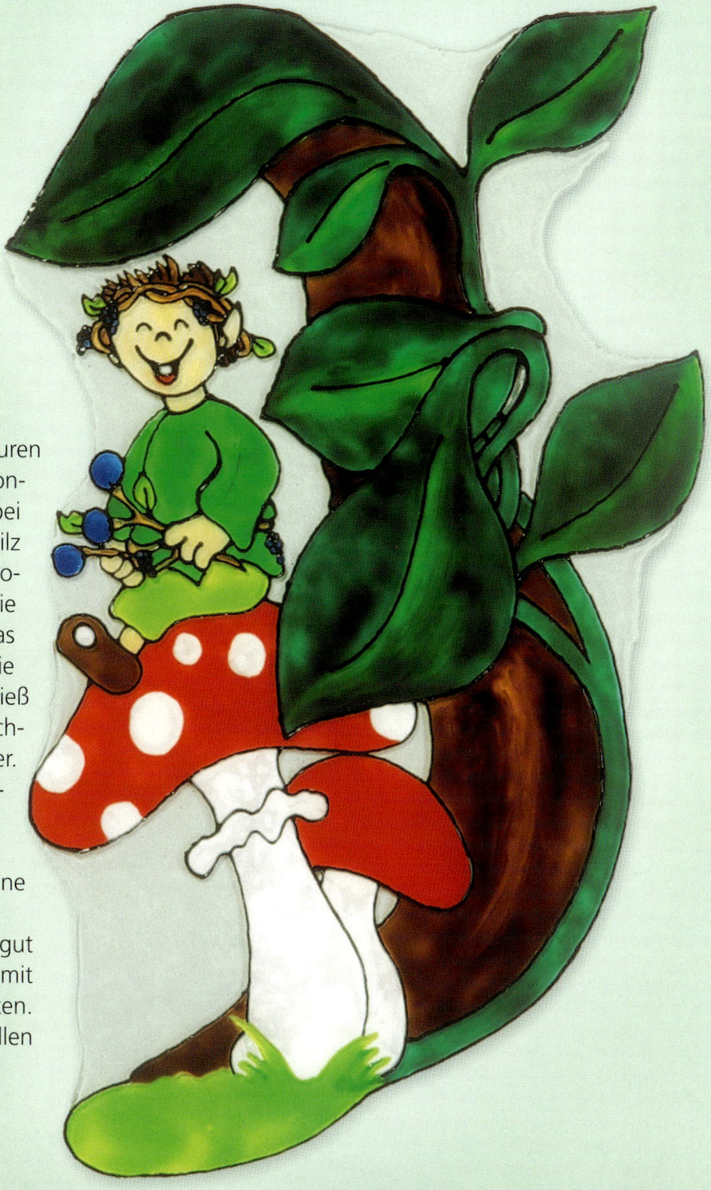

11. Baum-Elf

In luftiger Höhe fühlt sich der Baum-Elf besonders wohl.

Material

✦ Konturenfarbe in Schwarz
✦ Window-Color in Gelb, Elfenbein, Weiß, Rot, Blau, Grün, Hellbraun, Dunkelbraun, Dunkelgrau und Kristallklar
✦ Glimmerpulver Grün

Anleitung

Füllen Sie die Flügel nach dem Trocknen der Konturenfarbe zunächst mit Kristallklar aus, und streuen Sie dann in die noch feuchte Farbe das grüne Glimmerpulver hinein. Verziehen Sie mit einem Schaschlik-spieß die Brauntöne des Baumes ineinander. Orientieren Sie sich beim Ausmalen der Flächen an der Abbildung, und füllen Sie zum Schluss alle Zwischenräume mit Kristallklar aus.

12. Himbeer-Elf

Der Himbeer-Elf ist ein fruchtiger kleiner Geselle. In seinem leuchtend roten Gewand genießt er den Sommer.

Material
- ✦ Konturenfarbe in Schwarz
- ✦ Window-Color in Rot, Hellgrün, Oliv-grün, Weiß, Hellbraun, Dunkelbraun, Elfenbein und Kristallklar
- ✦ Glimmerpulver Grün

Anleitung

Ziehen Sie die Konturen mit der schwarzen Konturenfarbe gemäß der Vorlage, und lassen Sie sie trocknen. Mit Hilfe der Abbildung können Sie das Motiv nun mühelos anfertigen. Die Flügel werden mit Hellgrün gemalt, in die feuchte Farbe streuen Sie das grüne Glimmerpulver hinein. Die Zwischenräume füllen Sie mit Kristallklar aus. Nach dem Einhalten der Trockenzeit können Sie das Bild von der Malfolie abnehmen.

13. Eichel-Elf

Den Herbst liebt der Eichel-Elf über alles.

Material

✦ Konturenfarbe in Schwarz
✦ Window-Color in Gelb, Elfenbein, Hellbraun, Weiß, Olivgrün, Rot und Kristallklar
✦ Glimmerpulver Kupfer

Anleitung

Die Konturen werden zunächst mit der schwarzen Konturenfarbe nachgezeichnet. Nach dem Trocknen der Farbe können Sie mit dem Ausmalen der Flächen beginnen. Das Blatt malen Sie mit Grün, Gelb, Braun und Rot. Verziehen Sie die Farben in feuchtem Zustand gemäß der Abbildung ineinander. Die Flügel malen Sie mit Elfenbein, in das Sie anschließend Glimmerpulver Kupfer streuen. Um das fertig gemalte Bild füllen Sie die Zwischenräume mit Kristallklar aus, damit es beim Abnehmen von der Folie nicht reißt.

14. Haselnuss-Elf

Wie sein bester Freund, der Eichel-Elf, macht der Haselnuss-Elf den Herbstwald unsicher.

Material
+ Konturenfarbe
  in Schwarz
+ Window-Color
  in Gelb, Elfenbein,
  Hellbraun, Weiß,
  Olivgrün und
  Kristallklar
+ Glimmerpulver
  Irisierend

Anleitung

Zeichnen Sie die Konturen mit der schwarzen Konturenfarbe nach, und lassen Sie die Farbe trocknen. Nun werden die Farbflächen nach dem Vorbild der Abbildung mit Window-Color ausgemalt. Für die Flügel streuen Sie in die feuchte Farbe Glimmerpulver. Für das Laub der Haselnüsse werden Gelb und Braun gemischt. Zuletzt werden die Zwischenräume mit Kristallklar ausgefüllt.

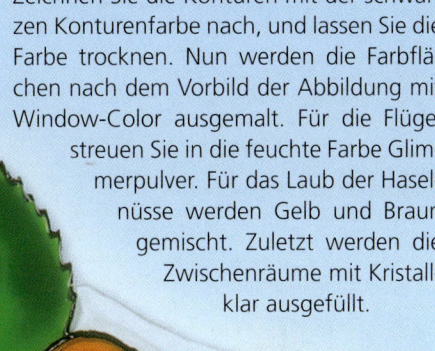

15. Schwebende Elfen

Anmutig schwebend tanzen die Elfen über der Erde.

Material
✦ Konturenfarbe in Schwarz
✦ Window-Color in Elfenbein, Rosé, Weiß, Perlmutt, Gelb, Rot und Kristallklar
✦ Glimmerpulver in Gold, Silber und Irisierend

Anleitung
Ziehen Sie die Kontur der beiden kleinen Zauberwesen gemäß der Abbildung nach. Für die Haare verwenden Sie ein Gemisch aus Gelb und Rosé. Für das Gewand der Elfe ohne Hütchen mischen Sie vor dem Malen Rosé und Weiß, für das Gewand der Elfe mit Hütchen Rosé, Rot und Weiß. Perlmutt verwenden Sie für Kragen, Gürtel und Beine. Die Flügel werden mit Kristallklar gemalt, in das Sie sofort Glimmerpulver Irisierend hineinstreuen. Auf die Perlmuttflächen können Sie mit einer Mischung aus Kristallklar und Glimmerpulver Silber zusätzliche Effekte setzen. Für die Flugspur mischen Sie Kristallklar und Goldglimmer. Die Zwischenräume der Motive füllen Sie mit Kristallklar aus.

16. Goldenes Einhorn

Ein schönes, stolzes Wesen ist das Goldene Einhorn.

Material

- ✦ Konturenfarbe in Schwarz, Weiß und Gold
- ✦ Window-Color in Weiß, Elfenbein, Hellbraun, Dunkelbraun, Hellgrün, Dunkelgrün, Olivgrün, Rot, Gelb, Kristallklar
- ✦ Glimmerpulver Irisierend

Anleitung

Für seinen Körper verwenden Sie die weiße, für das Horn die goldene Konturenfarbe. Für alle übrigen Linien benutzen Sie die schwarze Konturenfarbe. Zum Ausmalen ziehen Sie mit dem Schaschlikspieß in die weiße feuchte Farbe des Einhorns etwas Elfenbein für das Bäckchen mit hinein und streuen Glimmerpulver in die feuchte weiße Farbe von Mähne und Schweif. Für den Hintergrund verwenden Sie Gelb und Hellbraun. Beide Farben werden mit dem Schaschlikspieß ineinander verzogen. Malen Sie alle Flächen gemäß der Abbildung aus. Nach dem Trocknen kann das fertige Motiv von der Folie abgenommen werden.

17. Nachts auf der Waldlichtung

Was tut sich nachts auf der Waldlichtung? Im Kessel des Zauberers brodelt es geheimnisvoll …

Material
✦ Konturenfarbe in Schwarz
✦ Window-Color in Gelb, 3 Blautönen, Rot, Weiß, Dunkelbraun, Dunkelgrün, Violett, Schwarz, Grau, Elfenbein, Lila, Nachtleuchtend und Kristallklar
✦ Glimmerpulver Irisierend

Anleitung

Ziehen Sie die Konturen nach. Die Sterne malen Sie im Wechsel mit nachtleuchtender Farbe, einer Mischung aus Weiß mit etwas Blau sowie Weiß mit etwas Violett. Der Schweif über den Sternen vom Zauberstab wird auf das trockene Motiv mit einem Pinsel aufgetragen. Er besteht aus einer Mischung aus Kristallklar und Glimmerpulver Irisierend. Nachdem Sie die Trockenzeit eingehalten haben, können Sie das Motiv von der Malfolie abnehmen.

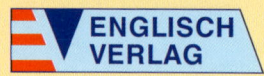

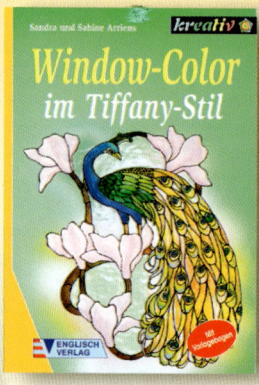